# BEI GRIN MACHT SICH IHR
# WISSEN BEZAHLT

AF167188

- Wir veröffentlichen Ihre Hausarbeit,
  Bachelor- und Masterarbeit

- Ihr eigenes eBook und Buch -
  weltweit in allen wichtigen Shops

- Verdienen Sie an jedem Verkauf

## Jetzt bei www.GRIN.com hochladen
## und kostenlos publizieren

# Trainingsplanerstellung für den Mesozyklus. Diagnose, Zielsetzung und Prognose

Melissa Awada

**Bibliografische Information der Deutschen Nationalbibliothek:**

Die Deutsche Nationalbibliothek verzeichnet diese Publikation in der Deutschen Nationalbibliografie; detaillierte bibliografische Daten sind im Internet über http://dnb.d-nb.de abrufbar.

ISBN: 9783346516824
Dieses Buch ist auch als E-Book erhältlich.

Druck und Bindung: Books on Demand GmbH, Norderstedt Germany
Gedruckt auf säurefreiem Papier aus verantwortungsvollen Quellen

Das vorliegende Werk wurde sorgfältig erarbeitet. Dennoch übernehmen Autoren und Verlag für die Richtigkeit von Angaben, Hinweisen, Links und Ratschlägen sowie eventuelle Druckfehler keine Haftung.

Das Buch bei GRIN: https://www.grin.com/document/1140592

Deutsche Hochschule für
Prävention und Gesundheitsmanagement
Hermann Neuberger Sportschule 3

# Einsendeaufgabe

**Fachmodul:**    Trainingslehre II

**Studiengang:**    Gesundheitsmanagement

**Datum**
**Präsenzphase:**    28.10.2019-20.10.2019

**Name, Vorname:**    Awada, Melissa

**Studienort:**    **Hamburg**

**Semester:**    **Wintersemester 2018**

# Inhaltsverzeichnis

# 1 Diagnose

## 1.1 Allgemeine und biometrische Daten

Tabelle 1: Allgemeine und biometrische Daten des Kunden Herrn L. (eigene Darstellung)

| Alter | 55 Jahre alt |
|---|---|
| Geschlecht | männlich |
| Körpergröße | 172 cm |
| Körpergewicht | 77 kg |
| Body-Mass-Index | 26 kg/m2 |
| Trainingsmotive | - Gewichtsabnahme<br>- Etwas für die Gesundheit machen<br>- Allgemeine Fitness verbessern |
| Berufliche Tätigkeit | Personalmanager (sitzende Tätigkeit) |
| Aktuelle sportliche Aktivitäten | 1 mal in der Woche schwimmen für 30 min |
| Frühere sportliche Aktivitäten | Nichts regelmäßiges |
| Zeitlicher Verfügungsrahmen | 3-4 mal in der Woche für 45-60 min |
| Leistungsstufe | Beginner |
| Blutdruck und Ruhepuls | 149/96 mmHg und 80 S/min |
| Orthopädische Probleme | keine |
| Internistische Probleme | keine |
| Ärztliche Behandlung | Ja, Diagnose Hypertonie Stufe 1 |
| Medikamenteneinnahme | keine |

Der Kunde Herr L. ist 55 Jahre alt, 172 cm groß bei einem Körpergewicht von 77 kg, sein Body-Mass-Index beträgt somit 26 kg/m2, der Kunde nach WHO-Einteilung Präadipös (Vgl. Tab.2). Er ist als Personalmanager tätig und sitzt bei der Arbeit hauptsächlich auch in seiner Freizeit ist er wenig sportlich aktiv, er geht nur 1x in der Woche für 30 min schwimmen, auch früher trieb Herr L. keinen Sport. Der Kunde hat sich nun entschieden seine Gesundheit sowie seine allgemeine Fitness zu verbessern, zusätzlich möchte er sein Gewicht reduzieren. Herr L. hat einen Ruhepuls von 75 S/min, hierbei beträgt der Normwert 60-90 Schläge in der Minute und einen Blutdruck von 149/96 mmHg, welches sich im Bereich der Hypertonie Stufe 1 befindet. Hypertonie ist als Kontraindikator für Ausdauertraining festgelegt, deswegen sollte ein Arzt über den Trainingsstart entscheiden, jener rät Herrn L. mit dem Ausdauertraining zu Beginnen um seine Gesundheit zu verbessern und zunächst die Hypertonie ohne Medikamente zu behandeln. Internistische und orthopädische Probleme liegen nicht vor, Medikamente werden auch nicht eingenommen, der Kunde ist somit voll trainierbar.

**Tabelle 2: BMI-Normwerte (modifiziert nach WHO, 2000, S.9)**

| Klassifizierung | BMI (kg/m2) | Einteilung |
|---|---|---|
| Untergewicht | unter 16 | Starkes Untergewicht |
| Untergewicht | 16-17 | Mäßiges Untergewicht |
| Untergewicht | 17-18,5 | Leichtes Untergewicht |
| Normalgewicht | 18,5-24,9 | Normalgewicht |
| Übergewicht | 25-29,9 | Präadipositas |
| Adipositas | 30-34,9 | Adipositas Grad 1 |
| Adipositas | 35-39,9 | Adipositas Grad 2 |
| Adipositas | Über oder gleich 40 | Adipositas Grad 3 |

**Tabelle 3: Blutdruckklassifikationen (eigene Darstellung)**

| Bewertungsstufe | Systolischer Blutdruck | Diastolischer Blutdruck |
|---|---|---|
| | **Normotonie** | **Normotonie** |
| Optimal | unter 120 mmHg | unter 80 mmHg |
| Normal | unter 130 mmHg | unter 85 mmHg |
| Hochnormal | 130-139 mmHg | 85-89 mmHg |
| | **Arterielle Hypertonie** | **Arterielle Hypertonie** |
| Stufe 1 | 140-159 mmHg | 90-99mmHg |
| Stufe 2 | 160-179 mmHg | 100-109 mmHg |

## 1.2 Leistungsdiagnostik/Ausdauertest

Herr L. wird einen IPN-Fahrradergometer-Ausdauertest durchführen, hierfür wird er zunächst in seiner Belastbarkeit vorcingestuft, da Herr L. sein gesamtes Leben wenig bis kein Ausdauertraining betrieben hat und einen Ruhepuls von 80 S/min hat, wird er als untrainiert bzw. Beginner eingestuft. Anhand dieser Daten und den Tabellen 4 und 5 kann die Zielherzfrequenz ermittelt werden, wenn diese erreicht wurde ist der Test beendet.

Die Zielherzfrequenz wird bei 135 S/min liegen und es wird kein Pulsaufschlag beachtet, da der Kunde keine ausdauerrelevanten Aktivitäten betreibt.

**Tabelle 4: Voreinstufung nach Ruhefrequenz und Lebensalter (modifiziert nach Trunz, 2001; IPN, 2004, S.4)**

| Alter HfRuhe in S/min | Unter 20 Jahre | 20-29 Jahre | 30-39 Jahre | 40-49 Jahre | 50-59 Jahre | 60-69 Jahre | Ab 70 Jahre |
|---|---|---|---|---|---|---|---|
| Unter 50 | 140 S/min | 135 S/min | 130 S/min | 125 S/min | 115 S/min | 110 S/min | 105 S/min |
| 50-59 | 145 S/min | 140 S/min | 135 S/min | 125 S/min | 120 S/min | 115 S/min | 110 S/min |
| 60-69 | 145 S/min | 145 S/min | 135 S/min | 130 S/min | 125 S/in | 120 S/min | 115 S/min |
| 70-79 | 150 S/min | 145 S/min | 140 S/min | 135 S/min | 130 S/min | 125 S/min | 120 S/min |
| 80-89 | 155 S/min | 150 S/min | 145 S/min | 140 S/min | 135 S/min | 125 S/min | 125 S/min |
| Ab 90 | 160 S/min | 155 S/min | 150 S/min | 145 S/min | 135 S/min | 130 S/min | 125 S/min |

**Tabelle 5: Voreinstufung unter zusätzlicher Berücksichtigung der Trainingshäufigkeit ausdauerrelevanter Aktivitäten (modifiziert nach Trunz, 2001; IPN, 2004, S.4)**

| Trainingszustand | Trainingshäufig-keit /Woche | Stunden/Woche | Pulsaufschlag |
|---|---|---|---|
| Kein Ausdauertraining | Kein mal | 0 | Keiner |
| Wenig Ausdauertraining | 1-2 mal | Unter/bis 1 | Keiner |
| Moderates Ausdauertraining | 2-3 mal | 1-2 | Plus 5 S/min |
| Viel Ausdauertraining | 3-4 mal | 2-4 | Plus 10 S/min |
| Sehr viel Ausdauertraining | Über 4 mal | Über 4 | Plus 15 S/min |

Der Fahrradergometertest wird nach dem Belastungsschema der WHO absolviert, hierbei handelt es sich um einen submaximalen Stufentest mit einer Stufendauer von zwei Minuten bei einer anfänglichen Wattanzahl von 25 Watt (nach jeder Stufe wird immer um 25 Watt erhöht), die Trittfrequenz sollte 60-80 U/min nicht überschreiten. Nach jeder Minute wird die Herzfrequenz protokolliert, der Test ist beendet wenn die Zielherzfrequenz erreicht wurde (bei Herrn L. 135 S/min). Gewertet wird die zuletzt durchgefahrene Wattanzahl, wird allerdings nach einer Minute die Herzfrequenzobergrenze erreicht, wird nur die Hälfte der Stufe gerechnet (zeitinterpoliert). Das Testergebnis verrechnet man im Anschluss mit dem Körpergewicht des Kunden (relative Wattleistung), jene lässt sich dann mit den Normwerten vergleichen.

**Tabelle 6: Fahrradergometertest des Kunden (eigene Darstellung)**

| Zeit (in min) | Watt | Herzfrequenz 1 | Herzfrequenz 2 |
|---|---|---|---|
| 0-2 | 25 | 86 | 92 |
| 3-4 | 50 | 96 | 105 |
| 4-5 | 75 | 112 | 121 |
| 6-7 | 100 | 129 | 136 |

Herr L. hat die Zielherzfrequenz bei 100 Watt erreicht, verrechnet man dies nun mit seinem Körpergewicht erhält man die erbrachte Wattleistung pro Kilogramm von 1,30.

**Tabelle 7: (Ausschnitt) Normtabelle für submaximalen Radergometerest-Relative Soll-Leistung (Watt/kg) bei Männern (modifiziert nach IPN, 2004, S.8)**

| Alter (Jahre) | Unter 30 | 30-34 | 35-39 | 40-44 | 45-49 | 50-54 | 55-59 | Über/Ab 60 | Bewertung |
|---|---|---|---|---|---|---|---|---|---|
| | 1,75 | 1,66 | 1,58 | 1,49 | 1,40 | 1,31 | 1,23 | 1,14 | ☹ |
| | 1,80 | 1,71 | 1,62 | 1,53 | 1,44 | 1,35 | 1,26 | 1,17 | ☹ |
| | 1,85 | 1,76 | 1,67 | 1,57 | 1,48 | 1,39 | 1,30 | 1,20 | ☹ |
| | 1,90 | 1,81 | 1,71 | 1,62 | 1,52 | 1,43 | 1,33 | 1,24 | ☹ |
| | 2,00 | 1,90 | 1,80 | 1,70 | 1,60 | 1,50 | 1,40 | 1,30 | Ø |
| | 2,20 | 2,09 | 1,98 | 1,87 | 1,76 | 1,65 | 1,54 | 1,43 | Ø |

Aus der Tabelle 7 lässt sich schließen, dass die Ausdauer des Kunden unterdurchschnittlich ist.

## 1.3 Gesundheits- und Leistungsdiagnostik

Die Anamnese des Kunden zeigte, dass sich der Gesundheitszustand nicht im optimalen Bereich befindet. Herr L. hat sein Leben lang nie aktiv Sport betrieben, aus diesem Grund ist er als Anfänger/Beginner einzustufen, auch sein BMI im präadipösen Bereich zeigt, dass Bewegung für ihn keine große Rolle spielt. Der Arzt des Kunden empfiehlt ein Ausdauertraining, da er eine Hypertonie Stufe 1 hat und sportliche Aktivität als Therapiemaß-nahme der Erkrankung entgegenwirken kann. Bewertet man die Testdurchführung wird deutlich, dass das Ergebnis von Herrn L. im unterdurchschnittlichen Bereich ist. Zusam-menfassend lässt sich sagen, dass der Kunde in Bezug auf seinen derzeitigen Leistungs-stand mit niedriger bis moderater Intensität trainieren wird. Außerdem ist Herr L. gefähr-det an einer koronaren Herzerkrankung zu erkranken, wenn er weiterhin nichts für seine Gesundheit tut.

# 2  Zielsetzung/Prognose

**Tabelle 8: Ziele des Kunden (eigene Darstellung)**

| Ziel | Ausmaß | Zeit |
|---|---|---|
| Blutdruck senken | 10 mmHg systolisch<br>8 mmHg diastolisch | 12 Wochen |
| Körpergewicht reduzieren | 4kg | 16 Wochen |
| Verbesserung submaxima-len Radergometertest nach WHO | Von 1,30 Watt/kg auf 1,40 Watt/kg | 12Wochen |

Ziel 1 beinhaltet einen gesundheitsbezogenen Zielindikator nämlich die Senkung des Blutdrucks um 10 mmHg systolisch und 8 mmHg diastolisch innerhalb von 12 Wochen, jenes wird anhand einer Blutdruckmanschette gemessen. Das Ziel wurde von seinem Arzt empfohlen, da Ausdauertraining bei leichter Hypertonie ähnlich wie Medikamente wirkt und somit erfolgversprechend ist (Ärztezeitung, 2005). Das zweite Ziel ist ebenfalls ein gesundheitsbezogenes Ziel und befasst sich mit der Gewichtsreduktion von 4kg in 16 Wochen, damit Herr L. einen BMI innerhalb des Normalgewichts erreicht. Eine Ge-wichtsreduktion von 200-250 Gramm pro Woche ist als realistisch einzuschätzen, da der Fettstoffwechsel und somit auch der Mehrkalorienverbrauch des Kunden sehr schlecht sein wird (auf Grund fehlendem Trainings und schlechter Ernährung ) sind 16 Wochen zur Gewichtsreduktion angesetzt, zusätzlich wird der Kunde ein Ernährungsprogramm ausführen um seine Ziele langfristig zu erreichen. Das letzte Ziel ist es die Watt-Soll-Leistung im submaximalen Fahrradergometertest auf 1,40 Watt/kg innerhalb von 12 Wo-chen zu verbessern (Durchschnittsbereich), ein leistungsbezogenes Ziel. Gemessen wird das Ergebnis anhand eines erneuten Fahrradergometertests mit gleichen Bedingungen.

# 3 Trainingsplanung-Mesozyklus

## 3.1 Grobplanung Mesozyklus

Tabelle 9: Grobe Planung des Mesozyklus (eigene Darstellung)

| | |
|---|---|
| Dauer | 6 Wochen |
| Trainingszielsetzung | -zunächst Gesundheitsminimalprogramm<br>-Aufbau der Grundlagenausdauer (GA1)<br>-Trainingsregelmäßigkeit von 3 mal pro Woche erzielen |
| Angestrebter Trainingsumfang pro Woche | 90 Minuten |
| Trainingsmethode | Extensive Dauermethode |
| Trainingsintensität | 60-70% Hfmax |
| Trainingshäufigkeit pro Woche | 2-3 mal |
| Trainingsdauer pro Einheit | 15-45 min |
| Trainingsgeräte bzw. Bewegungsformen | Walken (Laufband), Crosstrainer |

## 3.2 Detaillierte Mesozyklusplanung

Tabelle 10: Detaillierte Planung des Mesozyklus Woche 1&2 (eigene Darstellung)

| Woche 1 | Montag | Mittwoch | Woche 2 | Montag | Mittwoch |
|---|---|---|---|---|---|
| Trainingsziel | -Start Minimalprogramm<br>-Hinführung GA1 | -Start Minimalprogramm<br>-Hinführung GA1 | Trainingsziel | -Start Minimalprogramm<br>-Hinführung GA1 | -Start Minimalprogramm<br>-Hinführung GA1 |
| Tr. Methode | Ext. DM | Ext. DM | Tr. Methode | Ext. DM | Ext. DM |
| Tr. Intensität | 60% Hfmax | 60% Hfmax | Tr. Intensität | 60% Hfmax | 60% Hfmax |
| Tr. Dauer | 15 min. | 15 min. | Tr. Dauer | 15 min. | 15 min. |
| Tr. Gerät | Fahrradergometer | Fahrradergometer | Tr. Gerät | Walken (Laufband) | Walken (Laufband) |

| Hf.-Ober-grenze | 99-109 S/min (60% Hfmax) | 99 -109 S/min (60% Hfmax) | Tr. Hf-Ober-grenze | 99 S/min (60% Hfmax) | 99 S/min (60% Hfmax) |
|---|---|---|---|---|---|

**Tabelle 11: Detaillierte Mesozyklusplanung Woche 3&4 (eigene Darstellung)**

| Woche 3 | Montag | Mitt-woch | Freitag | Woche 4 | Montag | Mitt-woch | Freitag |
|---|---|---|---|---|---|---|---|
| Tr. Ziel | -Absol-vieren Mini-malprog. -Aufbau Ga1 | -Absol-vieren Mini-malprog. -Aufbau Ga1 | -Absol-vieren Mini-malprog. -Aufbau Ga1 | | -Absol-vieren Mini-malprog. - Aufbau G1 | -Absol-vieren Mini-malprog. - Aufbau GA1 | -Ab-solvie-ren Mini-mal-prog. - Auf-bau GA1 |
| Tr. Me-thode | Ext. DM | Ext. DM | Ext. DM | | Ext. DM | Ext. DM | Ext. DM |
| Tr. In-tens. | 65% Hfmax | 65% Hfmax | 65% Hfmax | | 70% Hfmax | 70% Hfmax | 70% Hfmax |
| Tr. Dauer | 20 min | 20 min | 20 min | | 20 min | 20 min | 2 min |
| Tr. Gerät | Walken (Lauf-band) | Cross-trainer | Walken (Lauf-band) | | Cross-trainer | Walken (Lauf-band) | Crosst-trainer |
| Hf.-Ober-grenze | 107 S/min | 107-117 S/min | 107 S/min | | 107-117 S/min | 107 S/min | 107 S/min |

**Tabelle 12: Detaillierte Mesozyklusplanung Woche 5&6 (eigene Darstellung)**

| Woche 3 | Montag | Mitt-woch | Freitag | Woche 4 | Montag | Mitt-woch | Freitag |
|---|---|---|---|---|---|---|---|
| Tr. Ziel | -Aufbau Ga1 | -Aufbau Ga1 | -Aufbau Ga1 | | -Aufbau G1 | -Aufbau GA1 | -Auf-bau GA1 |
| Tr. Me-thode | Ext. DM | Ext. DM | Ext. DM | | Ext. DM | Ext. DM | Ext. DM |
| Tr. In-tens. | 65% Hfmax | 65% Hfmax | 65% Hfmax | | 70% Hfmax | 70% Hfmax | 70% Hfmax |

| Tr. Dauer | 30 min | 30 min | 30 min | | 30 min | 30 min | 30 min |
|---|---|---|---|---|---|---|---|
| Tr. Gerät | Walken (Laufband) | Crosstrainer | Walken (Laufband) | | Crosstrainer | Walken (Laufband) | Crosstrainer |
| Hf.-Obergrenze | 116 S/min | 116-126 S/min | 116 S/min | | 116-126 S/min | 116 S/min | 116-126 S/min |

## 3.3 Begründung zum Mesoyzklus

**Wöchentlicher Belastungsumfang:** In Woche 1 und 2 wird Herr L. zunächst jeweils zwei Trainingseinheiten von 15 Minuten durchführen, da er vorher nie Sport betrieben hat und er sich langsam an ein regelmäßiges Training gewöhnen muss, sowohl körperlich als auch physisch, hierbei erfolgt die Hinführung zum Gesundheitsminimalprogramm (Zintl & Eisenhut, 2001, S.137) Anschließend absolviert Herr L. nun in Woche 3 und 4 das Gesundheitsminimalprogramm mit drei Trainingseinheiten von jeweils 20 Minuten. In den letzten beiden Wochen werden die drei Trainingseinheiten pro Woche 30 Minuten andauern, der Kunde wird hier seine Grundlagenausdauer aufbauen.

**Trainingsmethode:** Für den Kunden wurde die extensive Dauermethode (Trainingsintensität bleibt konstant) im gesamten Mesozyklus gewählt, da jene für Beginner und leistungsschwächere Personen für den Aufbau der Grundlagenausdauer geeignet ist. Zudem verhilft diese Methode zu einer Verbesserung der Fettverbrennung und der Herzk-Kreislauf-Arbeit (Zintl & Eisenhut, 2009, S.119) welches auf die Ziele des Kunden abgestimmt ist.

**Belastungsprogression:** Herr L. wird mit moderater Belastungsintensität von anfänglich 60% Hfmax bis schließlich 75% Hfmax trainieren

**Angesteuerte Trainingsbereiche:** Zunächst wird der Kunde mit dem Gesundheitsminimalprogramm starten, um sich an ein Training zu gewöhnen. Als Ziel des Mesozyklus wird der Aufbau der Grundlagenausdauer sein bzw. die Trainingsdauer von 30 Minuten regelmäßig zu absolvieren. Die Grundlagenausdauer spielt eine wichtige Rolle im weiteren Trainingsverlauf.

**Trainingsintensität:** Die Trainingsintensität für Herrn L. wurde anhand der ACSM-Formel berechnet (ACSM, 2006a, S.141) Hfmax x Intensität (%) = Trainingsherzfrequenz, die maximale Herzfrequenz wird mit der Formel 220 – Lebensalter = Hfmax errechnet.

Ein trainingswirksamer Reiz wird bei einer Intensität von 60% Hfmax erreicht, untrainierte Personen sollten nach ACSM, 2006 mit einer Intensität von 60-70% trainieren, jenes wird Herr L. innerhalb des Mesozyklus umsetzen.

**Ausdauergeräte bzw. Bewegungsformen:** Als Ausdauergerät wurde in der ersten Woche das Fahrradergometer gewählt, da der Kunde jenes schon von dem Eingangstest kennt und als Einstieg geeignet ist, allerdings wird es nur die erste Woche verwendet, da dieses Gerät als Kontraindikator für Hypertonie steht. Anschließend wird der Kunde zwischen dem Training auf dem Crosstrainer und Walking auf dem Laufband wechseln, beide Formen aktivieren und beanspruchen den gesamten Körper und somit die Herzvolumenarbeit. Zusätzlich wird 1/5 der Muskelmasse beansprucht, erst hierbei entstehen allgemeine Anpassungen wie die Zunahme der maximalen Sauerstoffaufnahme (Haber & Tomastis, 2006, S.13)

# 4 Literaturrecherche

Tabelle 13: Literaturrecherche 1; Effekte des Ausdauertrainings bei arterieller Hypertonie (eigene Darstellung)

| | |
|---|---|
| **Titel der Studie** | Effekte eines 12-wöchigen Ausdauertrainings auf die körperliche Leistungsfähigkeit und den psychischen Zustand von Patienten mit isolierter systolischer Hypertonie |
| **Autoren** | Romy Meißner |
| **Jahr** | Publikation 2011 |
| **Forschungsfrage** | Welche Auswirkung hat ein zwölfwöchigen Trainingsprogramm auf den körperlichen Zustand, die kardiovaskuläre Funktion und das Wohlbefinden, sowie die Eignung von verschiedenen Methoden zur Festlegung der Intensität und Trainingssteuerung eines Trainingsprogrammes bei älteren Patienten mit einer isolierten systolischen Hypertonie? (Meißner, 2011, S.16) |
| **Versuchspersonen** | Insgesamt nahmen 57 Probanden an der Studie teil. Relevant für die Aufgabe ist |

| | |
|---|---|
| | nur die Kontrollgruppe, davon 11 Männer und 16 Frauen und 24 Trainingsgruppe mit 13 Männern und 11 Frauen, Einschlusskriterien waren Isolierter systolischer Bluthochdruck (systolisch > 140 mmHg, diastolisch ≤ 90 mmHg), außerdem sollten die Patienten mindestens 60 Jahre alt sein. Ausschlusskriterien waren Regelmäßige sportliche Betätigung innerhalb der letzten 12 Wochen vor Beginn der Studie, Periphere arterielle Verschlusskrankheit, Aorteninsuffizienz bzw. Stenose > I. Grades, Hypertrophe obstruktive Kardiomyopathie (HOCM), Herzinsuffizienz > NYHA II, Absolute Arrhythmien mit hämodynamischer Relevanz, Systolischer Blutdruck > 180 mmHg - Ischämiezeichen im EKG der Eingangsuntersuchung, Veränderungen der medikamentösen antihypertensiven Therapie in den letzten 6 Wochen.(Meißner, 2011, S.17-18) |
| **Versuchsaufbau** | Zu Beginn wurden Eingangsuntersuchungen durchgeführt (kardiorespiratorischen Funktion mittels Ruhe- und Belastungs-EKG, eine Laufband-Spiroergometrie, eine 24-Stunden-Langzeitblutdruckmessung und eine Echokardiografie des Herzens), sowie eine Laufbandspiroergometrie zur Leitungserhebung<br>Die Probanden der Trainingsgruppe (24 Teilnehmer) trainierten für insgesamt 12 Wochen dreimal wöchentlich auf dem Laufband(3 bis letztendlich 40 min) nach einem Intervallschema. Die Kontrollgruppe (27 Teilnehmer) führte kein Sportprogramm durch. Das Training wurde durch Laktatkonzentration (Ziel 2,0 ± 0,5 mmol/l im Kapillarblut), |
| **Ergebnisse/Schlussfolgerungen** | Die Wattleistung der Probanden hat sich nach den 12 Wochen verbessert (von 153,4 ± 12,4 auf 197,7 ± 11,1 Watt, p kleiner 0,01). Auch die Ergebnisse des Blutdrucks (von 185,2 ± 5,7 auf 153,8 ± |

5,9 mmHg, p<0.0004) und der Laktat-
werte (von 1,6 ± 0,2 auf 0,9 ± 0,04
mmol/l, p<0.003) haben sich verbessert.
„Außerdem konnte ein positiver Zusam-
menhang zwischen dem Borg-Wert und
dem systolischen Blutdruck ($r^2$: 0.2856),
der Laktatkonzentration ($r^2$: 0.4276) sowie der Herzfrequenz ($r^2$: 0.4129) nach-
gewiesen werden." (Meißner, 2001, S.43)

Tabelle 14: Literaturrecherche 2; Effekte des Ausdauertrainings bei arterieller Hypertonie (eigene Darstellung)

| | |
|---|---|
| **Titel der Studio** | Auswirkungen von Ausdauer- vs. Kraft-training vs. der Kombination Ausdauer-/Krafttraining auf die systemische Hämo-dynamik, Gefäßelastizität sowie Herzfre-quenzvariabilität bei Patienten mit arteri-eller Hypertonie |
| **Autoren** | Anna Lena Bickenbach |
| **Jahr** | 2011 |
| **Forschungsfrage** | Wie effektiv sind Ausdauer-, Kraft-, und die Kombination aus Kraftausdauertrai-ning auf die Blutdrucksenkung bei Hy-pertonie-Patienten? (Bickenbach, 2011, S.21) |
| **Versuchspersonen** | An der gesamten Studie nahmen 42männliche und 13 weibliche Personen teil (Bickenbach, 2011, S.22) Für diese Aufgabe relevant sind allerdings nur die Teilnehmer, die Ausdauertraining betrie-ben (13 Personen: 9 Männer, 4 Frauen) und die Kontrollgruppe (13 Personen: 10 Männer, 3 Frauen). Einschlusskriterien war Hypertonie Stufe 1. Ausschlusskrite-rien sind Personen die blutdrucksenkende Medikamente 12 Wochen vor Studien be-ginn einnahmen, regelmäßiges Sportpro-gramminnerhalb der letzten drei Monate betrieben oder zu dieser Zeit einen Herz-infarkt erlitten, Hypertonie im mittel-schweren/schweren Ausmaß haben KHK, Herzinsuffizienz, Herzvitien, höhergradi- |

13/17

| | |
|---|---|
| | gen Erregungsbildungs- und/oder Erregungsleitungsstörungen am Herzen erleiden (Bickenbach, 2011, S.22-23) |
| **Versuchsaufbau** | Vor Beginn des Trainingsprogramms wurde eine Eingangsuntersuchung durchgeführt, wie die Laborparameter- und hämodynamischen Parametern, sowie eine Leistungsdiagnostik (Bickenbach. 2011, S.27-28) Anschließend begann das 12 Wochen Training für die Ausdauergruppe mit 3 Einheiten pro Woche auf dem Fahrradergometer. Es bestand aus 5 Minuten Warm up (40% HfReserve). „Die anfängliche Intensität von 50% wurde alle zwei Wochen um 5% gesteigert, bis am Ende eine Intensität von 75% erreicht wurde" (Bickenbach, 2011, S.25). Alle 4 Wochen wurde zusätzlich die Dauer um 5 Minuten gesteigert bis schließlich die letzten zwei Wochen die Trainingsdauer 30 Minuten betrug (Trainingsintensitäten wurden mittels Karvonen-Formel gesteuert, Hf. mit Hf-Messgerät). „Während der Untersuchungsphase wurden die Teilnehmer aufgefordert, ihre Ess-, Rauch- und Trinkgewohnheiten so konstant wie möglich weiter zu führen" (Bickenbach, 2011, S.24). Am Ende der Studie wurden die gleichen Untersuchungen, in gleicher Reihenfolge wie beim Eingangstest, durchgeführt und ausgewertet (Bickenbach, 2011, S.23) |
| **Ergebnisse/Schlussfolgerungen** | Bei der Ausdauergruppe hat sich der systolische Blutdruck (nach 24h-Langzeitmessung) um 3mmHg auf $137,00 \pm 8,80$ mmHg und der diastolische Wert um $3,10$ mmHg auf $83,10 \pm 7,70$ gesenkt (Die Kontroll-Gruppe zeigte einen Anstieg um $1,10$ mmHg, welcher jedoch als nicht signifikant zu betrachten ist). Innerhalb des Tagesintervalls gab es eine Veränderung von $144,20 \pm 6,80$ mmHg auf $139,70 \pm 9,20$ mmHg systolisch und $89,30 \pm 7,50$ mmHg auf $85,30 \pm 8,30$ mmHg. Bei der Kontroll-Gruppe stieg |

der systolische Wert von 140,80 ± 6,60 mmHg auf 141,40 ± 4,70 mmHg, der diastolische verringerte sich von 90,30 ± 7,20 mmHg auf 89,10 ± 5,50 mmHg. Der Nachtintervall zeigte keine nennenswerten Veränderungen innerhalb der Ausdauergrupe, die Kontrollgruppe hingegen stellte einen Anstieg des systolischen Wertes von 2,60 mmHg 124,40 ± 6,00 mmHg dar, der diastolisch Wert sank auf 74,90 ± 7,40 mmHg (Bickenbach, 2011, S.50-52). Die Studie lässt schliesen, dass ein angepasstes Ausdauertraining hilfreich in Bezug auf eine Hypertonie stufe 1 wirkt, der systolische Blutdruck konnte durch das Training signifikant gesenkt, obwohl die Lebensgewohnheiten der Teilnehmer nicht einmal verändert wurden (Bickenbach, 2011, S. 24/49-52).

# 5 Literaturverzeichnis

American College of Sports Medicine (ACSM). (2006a). *ACSM´s Guidelines for Excercise Testing and Prescription* (7. ed.). Philadelphia: Lippincott Williams Wilkins.

Ärztezeitung (2005). *Sport für Hypertoniker – Ja aber die Tücke liegt im Detail*, Artikel aus der Ärztezeitung vom 26.05.2005.

Bickenbach, A. (2011). *Auswirkungen von Ausdauer- vs. Krafttraining vs. der Kombination Ausdauer-/Krafttraining auf die systemische Hämodynamik, Gefäßelastizität sowie Herzfrequenzvariabilität bei Patienten mit arterieller Hypertonie.* Dissertation, Deutsche Sporthochschule Köln. Köln.

Haber, P. & Tomastis, J. (2006). *Medizinische Trainingstherapie. Anleitung für die Praxis.* Wien: Springer.

Institut für Prävention und Nachsorge (IPN).(2004). *IPN-Test® - Ausdauertest für den Fitness- und Gesundheitssport.* Köln: Institut für Prävention und Nachsorge.

Meißner, R. (2011). *Effekte eines 12-wöchigen Ausdauertrainings auf die körperliche Leistungsfähigkeit und den psychischen Zustand von Patienten mit isolierter systolischer Hypertonie.* Dissertation, Medizinischen Fakultät Charité – Universitätsmedizin Berlin. Berlin.

World Health Organization: FAO/WHO/UNO. (2000). *Obsesity: Preventing and managing the global epidemic.* Geneva: Technical Report Series 894.

Trunz, E. (2001). IPN-Test®- Ausdauertest für den Fitness-und Gesundheitssport. Köln: Institut für Prävention und Nachsorge.

Zintl, F. & Eisenhut, A. (2009), *Ausdauertraining. Grundlagen – Methoden – Trainingssteuerung* (7. Überarbeitete Auflage). München: BLV Sportwissen.

# 6 Tabellenverzeichnis